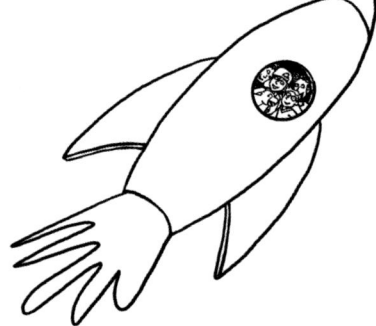

Sabine Zett
Aus dem Schultagebuch
Zutritt verboten!

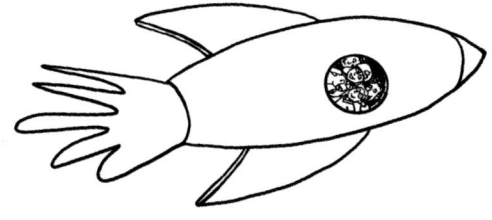

Sabine Zett

hat bereits über 40 Bücher für Kinder, Jugendliche und Erwachsene geschrieben. Ihre Werke wurden mehrfach ausgezeichnet und in mehr als 20 Sprachen übersetzt. Die Autorin, Kolumnistin und Kabarettistin steht mit ihren unterhaltsamen Leseprogrammen auch regelmäßig auf der Bühne. Seit 2018 ist sie offizielle Lesebotschafterin für Stiftung Lesen und setzt sich für Leseförderung von Kindern ein. Mehr Infos: www.sabine-zett.de

Edda Skibbe

wurde in Hamburg geboren, studierte an der dortigen HAW Illustration und ist Mitbegründerin der Künstlergemeinschaft „atelier 9". Inzwischen lebt sie mit ihrer Familie in Kiel und arbeitet in einem schönen Atelier mit Blick auf die Kieler Förde. Am liebsten zeichnet sie skurrile Figuren und komische Alltagsszenen. Deshalb war sie von der Geschichte über eine ganz besondere Zukunftsschule gleich begeistert.

SABINE ZETT

Mit Illustrationen
von Edda Skibbe

Für Meli und Vinc
sowie die vielen Kinder,
die meine Bücher lesen!

Ein Verlag in der Westermann Gruppe

2. Auflage 2025
© 2025 Arena Verlag GmbH
Rottendorfer Straße 16, 97074 Würzburg
arena-service@westermanngruppe.de
Alle Rechte vorbehalten
Der Verlag behält sich eine Nutzung des Werkes für Text
und Data Mining im Sinne von § 44b UrhG vor.
Idee, Text und Konzept: Sabine Zett
Cover und Innenillustrationen: Edda Skibbe
Umschlaggestaltung: Christian Keller

ISBN 978-3-401-72149-1

Besuche den Arena Verlag im Netz:
www.arena-verlag.de

1 E wie Eis

„Ich bin total gespannt!" Nico geht so schnell, dass ich kaum nachkomme.
„Los, Liam! Gleich wissen wir endlich, was die mit der Schule gemacht haben! Sieht die jetzt wie ein Raumschiff oder wie ein Schloss aus?"

„Unsere Schule? Du spinnst doch", antworte ich. „Es ist einfach nur ein neues Gebäude. Die gleichen Lehrer und jeden Tag tausend gruselige Hausaufgaben."
Mein bester Freund lacht. „Doch nicht am ersten Schultag!"
„Warte ab!"

Ich kapiere nicht, warum Nico sich so auf das neue Schulhaus freut!
Wir biegen in den Tannenweg ein. Zwei Jahre lang war hier alles gesperrt. Wir wussten nur, dass am Waldrand etwas Neues gebaut wird.

Und dann kam der Hammer: Kurz vor dem Ende der Sommerferien haben meine Eltern einen Brief bekommen.
„Liam, deine Klasse wurde ausgewählt, um an einem besonderen Schulprojekt teilzunehmen", sagte Papa.
„Was denn? Schule ohne Hausaufgaben und ohne Lernen?"
Das wäre cool!

Mein Vater hob die Schultern. „Es nennt sich ‚Schule der Zukunft'. Vier Klassen aus eurer Schule gehen mit ihren Lehrern für ein paar Wochen in ein neues Gebäude am Tannenweg und probieren dort alles aus."
Und Mama fügte hinzu: „Hier steht, dass man das Schulleben besser machen will."

„Wie denn? Bringt mir jemand einen Eisbecher in den Mathe-Unterricht? Oder macht für mich die Hausaufgaben?"
DAS würde MEIN Schulleben auf jeden Fall besser machen!

Mama lachte. „Wer weiß?" Sie zwinkerte mir zu. „Das Gute ist, dass ihr das alles nur testen und dann selbst entscheiden sollt. Ihr könnt dortbleiben oder zurück in die alte Schule gehen."

Aha.
„Und was ist da neu?"
Darauf hatten meine Eltern keine Antwort, aber sie schienen total begeistert.
Papa las weiter: „Alles ist modern und die Abläufe im Unterricht werden einfacher. Die Kinder brauchen auch gar nichts mitzubringen."

„Echt? Gar nichts? Keinen schweren Rucksack schleppen?"
Juhu! Das war die erste gute Nachricht!
„Keine Hefte, Bücher und Stifte?"
„Nichts mitbringen", wiederholte Mama und beugte sich über das Papier. „Hier steht noch: Man darf nicht mit dem Auto in die Straße und nicht vor das Schultor fahren. Nur mit einem Sportgerät wie Fahrrad, Roller, Skateboard, Inliner ... Ansonsten sollt ihr die letzte Strecke laufen."

„Oh. Cool! Fährt Papa dann im Anzug und Krawatte mit mir Inliner?"

② L wie Labyrinth

Heute Morgen war davon natürlich keine Rede mehr. „Wir müssen schnell zur Arbeit und nehmen das Auto."
Wir haben Nico abgeholt und dann hat uns Mama vorhin an einer Straßenecke in der Nähe der Schule abgesetzt.
„Den Rest geht ihr zu Fuß, okay? Einen schönen ersten Tag!" Und weg war sie.

„Es ist total weit!", meckere ich jetzt. „Was soll das? Wieso können wir nicht wie immer mit dem Auto gebracht werden?"
Nico scheint es nichts auszumachen, aber ich habe gar keine Lust, jeden Tag so weit zu laufen.

An der langen Straße, die geradeaus zur Schule führt, gibt es keine Häuser, sondern nur Bäume.
Rechts darf man laufen und links fahren wirklich ein paar Erwachsene mit ihren Kindern auf Rädern, Rollern und Rollschuhen.
Es sieht irgendwie witzig aus.

„Ey, Nico, ich frag morgen mal Oma und Opa, ob sie uns mit dem Skateboard zur Schule bringen wollen", sage ich und wir müssen beide lachen.

Einige Leute aus unserer Klasse holen uns ein. Malik zeigt auf eine hohe Hecke ganz hinten am Waldrand.

„Seht ihr das? Dort hinten ist es. Was da wohl passiert? ‚Schule der Zukunft' klingt irgendwie cool, aber auch komisch, oder?"

Aylin wiederholt, was wir alle schon wissen: „Wenn es uns nicht gefällt, dann gehen wir zurück in die alte Schule."

„Ich bin jetzt schon dagegen", schnaufe ich. „Man muss jeden Morgen noch früher aufstehen und so weit laufen!"

Nico fällt mir ins Wort: „Weiß schon einer irgendwas über die Schule?"

Jetzt reden alle durcheinander:
„Ich hab gehört, es gibt einen Tunnel, der führt vom Lehrerzimmer bis in die Stadt!"
„Und vier Swimmingpools auf dem Schulhof!"
„Alles soll wie eine Rakete aussehen!"
„Nein, wie das Schloss bei Harry Potter!"

Alles klar.
Und anstatt in die Turnhalle zu gehen, fliegen wir im Sportunterricht zum Mond, oder was?

Je näher wir kommen, desto besser kann man das Gebäude hinter den Büschen erkennen. Auf den ersten Blick sieht es ganz normal aus.

„Von wegen Rakete oder Schloss! Hoffentlich stimmt wenigstens das mit dem Swimmingpool. Da könnte man in der Pause chillen!", sage ich.

Die Fenster und die Eingangstür sind von außen verspiegelt. Alles leuchtet irgendwie blau.

Moment mal ... Jetzt ist es auf einmal ... rot?

„Hat die Schule gerade die Farbe gewechselt?", fragt auch Aylin.

Nico nickt. „Mega! Wie das Fußballstadion in München!"

Ich winke ab. „Billige Lampen-Tricks. Ich wette, es ist trotzdem eine stinknormale Schule. Die wollen es nur spannend machen, damit wir alle auch kommen. Wie bei einem Action-Film. Es fehlt nur noch coole Musik."
Aylin schüttelt den Kopf. „Liam, wir müssen sowieso in die Schule gehen, da muss nichts extra spannend gemacht werden."

„Jemand sagte, drinnen ist ein Labyrinth", erklärt Malik. „Jeden Tag geht man in einen anderen Klassenraum und muss den Weg immer neu suchen."
Jetzt muss ich grinsen. „Das wäre gut! Dann würden uns die Lehrer auch gar nicht finden."

3) P wie Papagei

Auf dem Schulhof kommt dann die erste Enttäuschung: Leider sehe ich keinen einzigen Swimmingpool und auch keine Sonnenliege.
„Also chillen kann man hier schon mal nicht. Der Boden ist genauso grau wie in der alten Schule. Laaaaangweilig!"

Doch, da ist was ...
„Sind das etwa Leuchtstreifen in der Erde? Und da steht was geschrieben!", rufen auch meine Freunde.
„Es sind unsere Namen! Und die leuchten!" Nico boxt mir in die Seite. „Die ganze Klasse bleibt zusammen. Cool, oder?"

Die Fläche ist in große Stücke eingeteilt und in jedem Rechteck leuchten bunt unsere Namen.
„Dann weiß jede Klasse sofort, wo sie sich aufstellen soll!" Nico flippt vor Begeisterung fast aus.
Okay, das gefällt mir auch. „Das ist besser als Google Maps."

Das Schulgebäude wechselt wieder die Farbe. Jetzt schimmert es hellgrün.
Alle reden durcheinander und ich lasse mich plötzlich doch von der Aufregung anstecken. Wie es wohl von innen aussieht?

Plötzlich ist ein komischer Ton zu hören.
Klingt irgendwie nach einem lauten Telefon.
„Pst! Seid mal leise!", ruft Aylin. „Ist das die neue Schulglocke? Ah! Seht mal, die Tür geht auf!"
Die Eingangstür gleitet zur Seite und sofort wird es ganz still.
Ich zucke mit den Schultern. „Kommen jetzt Marsmännchen heraus oder was passiert da?"

Nein, leider nicht.
Es sind nur unser Rektor Herr Sonntag und einige unserer Lehrerinnen und Lehrer. Dazu noch der Hausmeister Herr Zack und eine fremde Frau.

Nico flüstert: „Ich bin froh, dass es keine Marsmännchen sind."
Ich muss lachen. „Das wäre aber wirklich mal was Neues. Ach, guck, Handy ist auch da, also ist doch alles wie immer."

Handy ist der Graupapagei unseres Hausmeisters und so etwas wie das Maskottchen unserer Schule. Er ist total schlau, kann sprechen und sitzt meistens auf der Schulter von Herrn Zack.
Oft ist er auch mit im Klassenraum und wir lesen oder rechnen ihm was vor.
Ob das hier auch so sein wird?

Rektor Sonntag strahlt, während unser Klassenlehrer Herr Groß-Claudius, der ganz rechts steht, eher nervös aussieht.
„Herr Gro-Clau ist ziemlich rot im Gesicht", flüstert auch Malik.

„Herzlich willkommen, ihr Lieben! Ab heute dürft ihr in die neue, fabelhafte, ganz besondere Schule der Zukunft gehen! Ihr seid sicher schon sehr gespannt, was euch da erwartet", fängt der Rektor laut an.
Ich nicke. „Schule Montag bis Mittwoch, dann ein langes Wochenende bitte."
Herr Sonntag streckt seine Arme aus. „Ich verrate es euch: Der Unterricht bleibt gleich, aber sonst ist alles wirklich sehr modern."

Der Unterricht bleibt gleich. Das war ja
so klar.
Laaaaaaangweilig!
„Darf ich vielleicht kurz etwas erklären?"
Die neue Frau will gerade anfangen zu reden,
da krächzt Handy ganz laut: „Guten Morgen,
liebe Sorgen!"

„Handy, leise!", ruft Herr Sonntag.
Während alle lachen, beschwert sich die
fremde Frau: „Aber mein Handy ist doch leise!"
„Leise, gute Reise!", schreit der Papagei und
alles lacht noch mehr.

„Hat der Vogel gerade gesprochen?" Die Frau verzieht das Gesicht. Oder soll das ein Lächeln sein? Dann stellt sie sich als Susanne Sauermach vor. Sie erklärt, dass sie zu der Firma gehört, die hier alles gebaut hat. „Ihr geht gleich der Reihe nach ins Gebäude und achtet auf die Anweisungen. Alles ist voll automatisiert und erklärt sich von selbst."

„Checkt einer von euch, was die meint?", frage ich leise in die Runde, aber alle schütteln den Kopf.
Eigentlich ist es auch egal. Wir wollen jetzt rein und es selbst herausfinden.

4 A wie Ampel

Der laute Klingelton ist wieder zu hören und wir kapieren, dass das wirklich die neue Schulglocke ist.
„Macht einer die Tür auf, das Paket ist da!", ruft Handy.

„Wenn mich meine Mutter mit Video anruft, dann hört sich das genauso an", beschwert sich Nico. „Jetzt werde ich immer denken, sie ist es und will mich mit irgendwas nerven. Boah!"

Die Frau legt den Finger an ihre Lippen: „Ach, ihr Lieben! Bevor es losgeht, muss ich euch noch etwas Wichtiges mitteilen: Der zweite Stock in der Schule darf nicht betreten werden! Nicht mal die Treppe! Wir haben extra Kameras installiert. Zutritt momentan streng verboten. Dort wird derzeit noch an etwas gearbeitet, was geheim bleiben soll."

Warum?
Was ist im zweiten Stock?
Alle sind plötzlich ganz ruhig.

Herr Sonntag lächelt Frau Sauermach an.
„Das ist alles ganz geheim. Selbst wir Lehrer und Lehrerinnen wissen nicht, was da vor sich geht."
Sie nickt. „Ja, ja. Betreten für alle verboten. Wer sich nicht daran hält, muss leider mit Folgen rechnen."

Okay.
Jetzt wird die Sache richtig interessant.
Ich habe noch nie gehört, dass man in einer Schule eine bestimmte Etage nicht betreten darf. Ich schaue hoch, doch hinter den verspiegelten Fenstern kann man nichts erkennen. Was ist da bloß los?

Ich drehe mich um. „Wir müssen da unbedingt hoch", flüstere ich meinen Freunden zu.
„Oh, nein. Ohne mich", sagt Aylin, die direkt hinter mir steht.
Malik murmelt: „Wer weiß, was da abgeht?"

Ich verdrehe die Augen. „Was soll denn da abgehen? Es ist eine Schule. Es wird dich schon keiner fressen."
Zum Glück ist Nico noch neugieriger als ich. „Liam, wir schleichen uns hoch und gucken uns das ganz kurz an!", meint er und wir klatschen uns unauffällig ab.

Plötzlich kann ich es kaum erwarten, dass
wir endlich reindürfen. Vielleicht ist die neue
Schule doch cooler, als ich dachte!
Auf dem Boden tut sich was.
Der Reihe nach leuchten die Rechtecke rot auf.
Was bedeutet das?

„Bitte in dem Abschnitt mit euren Namen
aufstellen. Das Ampelsystem wird aktiviert",
sagt eine laute automatische Stimme, die
sich wie eine Durchsage am Bahnhof anhört.
„Sobald es grün aufleuchtet, geht ihr hinein.
Bitte hintereinanderlaufen und einzeln
eintreten."

Während wir noch über die aufblinkenden rot-gelb-grünen Lichter im Boden staunen und die Ansage wiederholt wird, meldet sich der Papagei laut zu Wort: „Hallo? Wer spricht da? Herr Doktor Klotor? Tante Trude aus Buxtehude! Hallo? Bitte hinterlassen Sie eine Nachricht nach dem Piiiiiep!"

Wir lachen uns kaputt und jetzt sieht die fremde Frau ziemlich verwirrt aus. „Warum redet der Vogel die ganze Zeit?", höre ich sie zum Rektor sagen. „Das stört massiv die neuen Abläufe. Wenn das nicht aufhört, muss er weg."
Wie bitte? Auf keinen Fall!
Alle lieben Handy!

Nicht nur Herr Sonntag, sondern vor allem unser Hausmeister guckt total erschrocken. „Entschuldigung, das kommt nicht wieder vor!", erklärt er. „Handy ist nur etwas durcheinander. Alles ist so neu."

„Neu, neu, neu! Die hat Geld wie Heu!"
Der letzte Satz des Papageis geht in lautem Gemurmel unter, denn die Lampen auf dem Boden springen der Reihe nach von Rot auf Gelb und dann auf Grün. Die Klassen setzen sich in Bewegung und dann ist auch unsere an der Reihe.

5 Ü wie Überprüfung

„STOPP. BITTE WARTEN", leuchtet hinter der Eingangstür auf einem großen Bildschirm. Malik, der vor mir dran war, hat noch „Manno, es ist gar kein Raumschiff!" gerufen und ist dann in einer nächsten Tür verschwunden. Davon gibt es zehn Stück nebeneinander, aber wohin sie führen, kann man nicht erkennen.

„Es sieht aus wie in einem Kaufhaus die Umkleidekabinen", flüstert Nico, der hinter mir eingetreten ist. „Was sind das für Türen? Sind das alles Klassenräume dahinter?"
„Keine Ahnung."

„BITTE EINZELN EINTRETEN.
TÜR NUMMER 3."
Aha.
Ich bin dran.
Dann mal los.
Hinter meiner Tür ist wirklich so eine Art kleine Kabine. Sie ist komplett leer, aber da ist schon der nächste Bildschirm. Auf dem steht:
„BITTE STEHEN BLEIBEN UND BIS DREI ZÄHLEN."

Bis drei zählen?
Super Schule der Zukunft. Ist das jetzt schon der Mathe-Unterricht, oder was?
„Eins, zwei, drei. In der Bäckerei. Bald ist es vorbei. Mehr Reime fallen mir nicht ein. Und jetzt?", frage ich laut.

Ich zucke dennoch kurz zusammen, als eine Stimme ertönt:
„Person erkannt.
Liam Becker.
Automatische Analyse beginnt.
Gesundheit: sehr gut.
Fitness: gut.
Erholung: etwas müde.
Ernährung: ausreichend und gute Mischung.
Flüssigkeit: ausreichend Wasser getrunken.
Blase: etwas gefüllt."

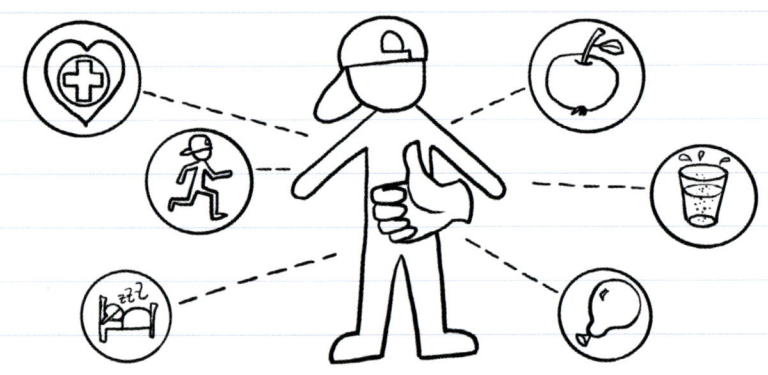

Moment mal! Wer redet denn da?
Wurde ich gerade überprüft? Gescannt
wie am Flughafen? Unsichtbar gecheckt?
Von wem? Wie ist das möglich?

In diesem Moment ist die automatische Stimme wieder zu hören:

„Die heutigen Empfehlungen für Liam Becker:
In der großen Pause auf Toilette gehen.
Mehr Bewegung, vor allem draußen.
Abends eine halbe Stunde früher schlafen gehen.
Automatische Überprüfung beendet. Bitte zügig weitergehen.
Die erste Schulstunde für Liam Becker findet im Jupiter-Raum statt, Erdgeschoss links.
Klassenlehrer-Stunde. Beginn in vier Minuten.
Einen schönen und erfolgreichen Schultag."

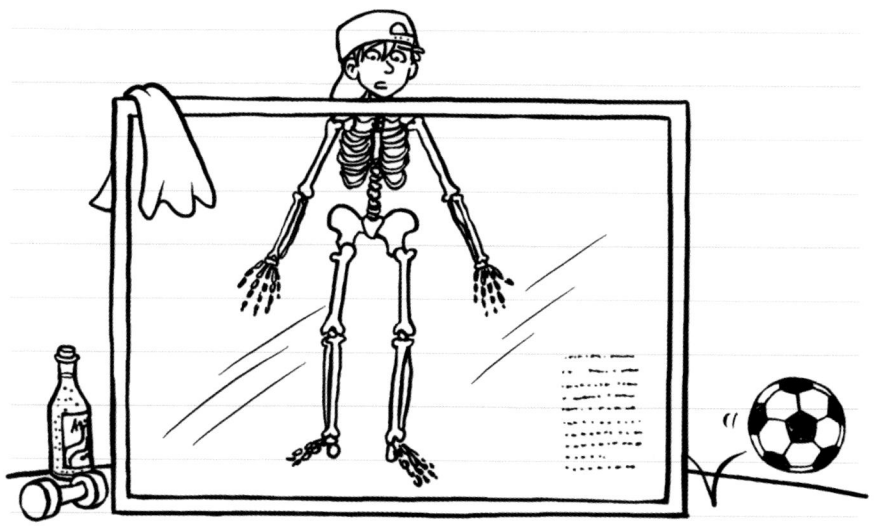

Was???
Wie???
Wer???
Wo???
Was war das denn?

„Liam Becker. Bitte zügig die Kabine verlassen. Jupiter-Raum."
Die automatische Stimme scheint mich zu ermahnen.
Okay, okay, ich geh ja schon.
Aber DAS war KRASS!

Um die Ecke warten schon Malik und Aylin.
„Ey, Liam, hat die auch zu dir gesagt, du sollst mehr trinken?" Malik ist genauso aufgeregt wie ich.
„Nein, ich soll mich mehr bewegen und früher schlafen gehen. Wie können die das wissen?"

Jetzt kommt auch Nico angerannt.
„Ist das cool!", schreit er. „Die checken uns ab! Ganz automatisch! Mega! Leute, ich soll sofort auf die Toilette gehen. Und dann in den Jupiter-Raum. Ich habe noch vier Minuten."
Er düst direkt los.

6 K wie Klassenlehrer

Drei Minuten später steht unsere ganze Klasse vor dem Jupiter-Raum und wir staunen noch mehr.
Alle Türen im Flur bestehen aus riesigen Bildschirmen. Auf unserem wird nicht nur der Raumname eingeblendet, sondern auch das Fach und der Lehrer dazu.

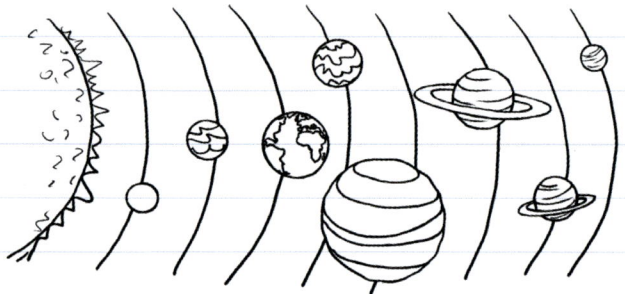

„Lauter Riesen-Tablets!" Aylin berührt vorsichtig den Bildschirm und er ändert kurz die Farbe des Hintergrunds. „Und habt ihr gesehen? Die anderen Türen haben auch Planetennamen. Ob das alles Klassenräume sind?"
Das wüsste ich auch gern. So megacool hatte ich mir die neue Schule gar nicht vorgestellt! Das ist echt wie im Film!

Unsere Klassenkameraden erzählen noch immer von ihrer Analyse.
„Ich soll in der Frühstückspause mehr Obst essen", sagt Yella. „Aber ich habe nichts dabei!"

Mir fällt wieder ein, was meine Eltern gesagt haben: „Keiner hat was mit, wir sollten ja ohne Rucksack und ohne alles kommen …"
Nico zeigt auf den langen Flur: „Da kommt Herr Gro-Clau! Der erklärt es uns bestimmt."

Herr Groß-Claudius hat ein kleines Tablet
in der Hand. Er lächelt ein wenig zerstreut.
„Hallo, zusammen, ich ... wir ... müssen
uns erst ... alle identi...fizieren ... mit der ...
Gesichts...erkennung."

Er ist ganz schön aus der Puste.
„Ich muss mehr Sport machen", murmelt er.
„Da haben die recht."
„Wurden Sie auch analysiert?", frage ich
und unser Klassenlehrer nickt.
Das finde ich sehr gut.
Gleiches Recht für alle!

Es stellt sich heraus, dass im Tür-Bildschirm eine Kamera installiert ist und jeder von uns sich kurz davorstellen muss, damit er gezählt wird.

Nico und ich ziehen Grimassen, als wir dran sind. Aber die Kamera erkennt uns auch mit ausgestreckter Zunge.
Sobald die ganze Klasse erfasst ist, soll Herr Groß-Claudius eine vierstellige PIN eingeben.
Steht da zumindest so.

„Was? Welche PIN?" Unser Lehrer scheint nichts davon zu wissen. „Das hat mir aber keiner gesagt."
„Vielleicht einfach nur *1234*", schlägt Malik vor. „Oder *1111*. *0000*? Das haben viele."

Ich verdrehe die Augen. „Was ist denn das für ein einfacher Code? Den könnte doch jeder knacken."
Jetzt rufen alle irgendwelche Zahlen und Herr Groß-Claudius sieht immer nervöser aus, während er alles Mögliche in den Bildschirm eintippt.

Aber die Tür geht nicht auf.
Mir kommt eine Idee. „Herr Gro... Groß-Claudius? Sollen Nico und ich schnell ins Sekretariat laufen und um Hilfe bitten?"

Kaum hat unser Lehrer genickt, ziehe ich meinen besten Freund hinter mir her.
„Aber wir haben gar nicht gefragt, wo das Sekretariat ist!", sagt Nico.
Ich zwinkere und steuere auf die Treppe zu.
„Genau. Deshalb suchen wir jetzt danach. Lass uns direkt im zweiten Stock anfangen!"

7 G wie Geheimnis

Nico kapiert und grinst. „Ah! Clever! Ab in den zweiten Stock!"
Wir rasen die Stufen hoch. Hoffentlich erwischt uns keiner! Und wenn doch, dann haben wir die perfekte Ausrede. Wir suchen das Büro.

In der ersten Etage sieht es genauso aus wie unten. Türen mit großen Bildschirmen, Kinder, die gerade irgendwo hineingehen.
„Die anderen Lehrer haben wohl ihren Code richtig eingegeben", stelle ich fest und wir biegen direkt auf die nächste Treppe nach oben ab. Nico hüpft zwei Stufen auf einmal.
„Aber es sind mehr Türen als Klassen. Ich bin gespannt, was da noch so ist!"
Die Treppe in den zweiten Stock sieht auf den ersten Blick ganz normal aus.

„Was ist da oben? Man kann noch nichts sehen!" Nico bleibt kurz stehen und schaut hoch. „Liam, hör mal! Lacht da oben jemand?"
Ja, ich hab auch was gehört. Ein Lachen und so ein komisches Hupen.
„Es sind noch ungefähr dreißig Stufen bis zum Geheimnis. Gib Gas!"

Wir wollen gerade losspringen, als genau in diesem Moment an den Wänden große rote Warn-Buchstaben aufblinken.
STOPP!
SOFORT ANHALTEN!
ZUTRITT VERBOTEN!
KEIN ZUGANG ZUM ZWEITEN STOCK!

Aber da sind wieder dieses Lachen und Hupen.
Ich muss wissen, woher das kommt!
"Los, los!" Kaum haben wir die zehnte Stufe
erreicht, passiert es: Direkt vor uns schießen
aus der Wand über jeder weiteren Stufe von
rechts nach links rote Strahlen, die wie Laser
aussehen.
Wir halten an.
"Cool", flüstere ich. "Wie in einem Action-Film.
Diese Schule ist megacool."

"Liam Becker und Nico Hasejnak, was macht ihr
da? Geht sofort zurück!", ertönt die Stimme
unseres Rektors aus einem Lautsprecher
irgendwo über uns.
Oha. Erwischt.

„Woher weiß Herr Sonntag, dass wir es sind?", fragt Nico leise.
Keine Ahnung. Dann fällt es mir wieder ein: „Diese Frau hat doch was von Kameras erzählt."
Ich schaue hoch, kann aber keine entdecken.
„Wir suchen nur das Sekretariat!", sage ich laut. „Ist das vielleicht oben?"
„Können die uns hören? Werden wir jetzt verhaftet, oder was?", flüstert Nico, aber ich winke ab.
„Quatsch. Wir haben nichts getan."

Etwa zwanzig Stufen trennen uns noch von der zweiten Etage. Vom Rektor ist nichts mehr zu hören.
„Das war bestimmt wieder nur eine automatische Ansage", vermute ich. „Wollen wir ganz schnell hoch und wenigstens kurz um die Ecke gucken?"

„Aber ist der Weg nicht versperrt?"
Nico zeigt auf die Laserstrahlen.
Ich strecke meine Hand aus und grinse.
„Es sind doch nur Lichteffekte. Guck mal, es passiert nichts. Ärger kriegen wir jetzt sowieso. Aber wir haben eine super Ausrede und bis jemand bei uns ist, könnten wir kurz ..."

Ich will gerade eine Stufe höher gehen, da höre ich ein ziemlich lautes „Bleibt ihr bitte sofort stehen?!".
Diesmal ist es definitiv keine automatische Lautsprecheransage.
„Keinen Schritt weiter!"

Wir zucken zusammen.
Frau Sauermach steht oben auf der Treppe.
Begeistert sieht sie nicht gerade aus.
„Was macht ihr zwei hier?"
Nico hinter mir murmelt leise: „Jetzt haben wir die Sauermach sauer gemacht!"
Ich verkneife mir ein Lachen. Dann versuche ich es mit unserer Ausrede: „Unser Klassenlehrer schickt uns."
Kleine Notlüge! Sorry, Herr Groß-Claudius!
„In den zweiten Stock? Warum? Wer ist euer Klassenlehrer? Das werde ich melden."

Oje. Auf keinen Fall!
Wir mögen Herrn Groß-Claudius!
Nico kommt mir zu Hilfe. „Er hat uns nicht in den zweiten Stock geschickt, sondern wollte, dass wir das Sekretariat suchen. Er kriegt die Klassentür nicht auf."

8 P wie PIN

Frau Sauermach zieht die Augenbrauen zusammen. „Aber ich habe doch vorhin ganz klar gesagt, dass niemand die Treppe in die zweite Etage auch nur betreten darf. Ihr habt diese Regel gebrochen. In diesem Haus sind Regeln sehr wichtig. Wer sich nicht daran hält, hat hier nichts verloren und muss in die alte Schule zurück."

Was? In die alte Schule zurück?
Das meint die doch nicht ernst, oder?
Nico und ich sehen uns erschrocken an.
Jetzt, wo es gerade anfängt, spannend zu werden?

Ich probiere es mit meinem schönsten Lächeln und einem Trick: „Sorry, aber sagten Sie vorhin nicht, dass der dritte Stock verboten ist?"
Nico kapiert sofort und stimmt mir zu. „Ja, genau. Der dritte! Drei! Ich hab das auch so verstanden!"

Einen Moment lang wirkt die Frau verwirrt, denn sie sagt nichts mehr. In der zweiten Etage ertönt plötzlich wieder dieses Hupen.
Was ist das? Ein Auto?
Sie sieht sich kurz um und dann schaut sie wieder uns an. „Nein, das habe ich nicht gesagt. Es war ganz klar der Zweite!"
„Der Zweite ist pleite!", ruft jemand hinter uns, den wir sehr gut kennen.
Handy!

Unten an der Treppe steht unser Hausmeister. Er hat seinen Graupapagei auf der Schulter und sieht uns fragend an. „Gibt's ein Problem? Pst, Handy, schön leise sein, okay?"
„Leise? Die hat 'ne Meise!"

Nico und ich lachen und Herr Zack zwinkert uns zu.
Das passt Frau Sauermach gar nicht. „Dieser Vogel! Wenn Sie ihn nicht gleich stumm stellen, muss er auch weg. Wie die Jungs hier."
„Er ist doch keine Lautsprecherbox, die man einfach ausschaltet", sage ich trotzig.
Sie schüttelt den Kopf. „Und ihr verabschiedet euch auf der Stelle. Ich gebe Herrn Sonntag Bescheid."

„Aber wir haben gar nichts getan!", ruft Nico. „Bitte!"
Ich checke langsam, dass sie das auch wirklich so meint. Sie will uns rauswerfen! Jetzt, wo es mir hier gerade anfängt zu gefallen!
Da kommt uns Herr Zack zu Hilfe.
„Jungs, ihr habt euch doch sicher verlaufen?", fragt er. „Das passiert heute ständig. Erster Tag in der neuen Umgebung und diese Technik ..."

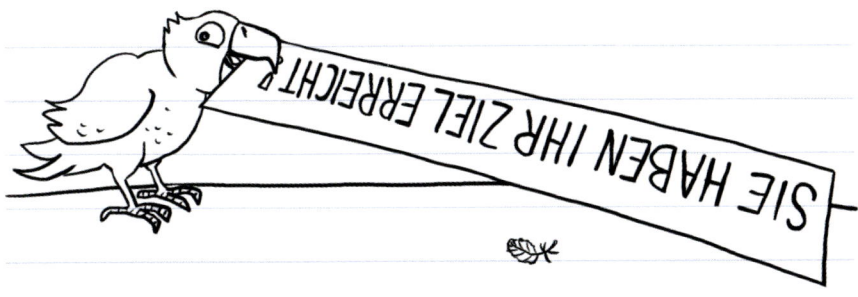

Nico und ich nicken eifrig. „Genau, total verlaufen! Wir suchen das Sekretariat. Unser Lehrer braucht die PIN für die Tür."
„Tablet, Tablet!", ruft Handy.
Man kann hören, wie Frau Sauermach einmal tief einatmet. „Er soll auf sein Tablet schauen. Dort hat er die PIN. Geht jetzt."

Nico und ich nicken wieder, drehen uns um und sausen die Treppen hinunter.
„Meinst du echt, wir müssen zurück in die alte Schule?", fragt mein Freund und hört sich genauso erschrocken an, wie ich mich fühle.
Ich habe einen Kloß im Magen. „Keine Ahnung. Aber falls die uns rausschmeißen wollen, dann sag ich die Wahrheit, dass ich dich überredet habe. Damit wenigstens du bleiben kannst."

Nico schüttelt den Kopf. „Ich hab doch freiwillig mitgemacht. Wenn wir gehen müssen, dann zusammen. Aber ich will nicht."
„Ich auch nicht!"

Die Tür vom Jupiter-Raum ist inzwischen auch ohne unsere Hilfe offen. Gerade gehen alle hinein.
„Herr Gro-Clau hatte den Code auf seinem Tablet", erklärt Yella, als wir unsere Klassenkameraden einholen. „Das hatte er ganz vergessen …"
Sie unterbricht sich, denn in diesem Augenblick betreten wir den Klassenraum.

„Wow!"
„Leute! Wie cool ist das denn?"
„Mega!"
„Ist das ein Büro für uns?"
„Wo ist die Tafel?"
„Und was ist das?"

⑨ B wie Bücher

So was habe ich noch nie in einer Schule gesehen. Nicht mal in einem Film. Der Klassenraum ist hell, ziemlich groß und sieht überhaupt nicht so aus wie die Räume in unserer alten Schule.
„Es ist wie das moderne Büro, in dem meine Schwester arbeitet", sagt Aylin, die hinter mir steht.

Es gibt viele verschiedene Tische, die in eine Art Cockpit eingebaut sind.
Ich staune. „Jeder Tisch hat mehrere Knöpfe. Wozu sind die da?"

Auf der linken Seite des Raums stehen
drei Glasboxen, die wie moderne Telefonzellen
aussehen.
Herr Groß-Claudius lächelt stolz. „Das sind
Ruheinseln, wo man sich bei Einzelprojekten
hineinsetzen und ungestört arbeiten kann."
„Oder ungestört schlafen?" Das ist Malik, der
jetzt nur noch „Chillen, chillen, chillen!" ruft.
Unser Klassenlehrer schlägt vor, dass wir
uns alle erst mal einen Platz suchen und uns
dort umschauen sollen. „Testet auch alle
Funktionen."

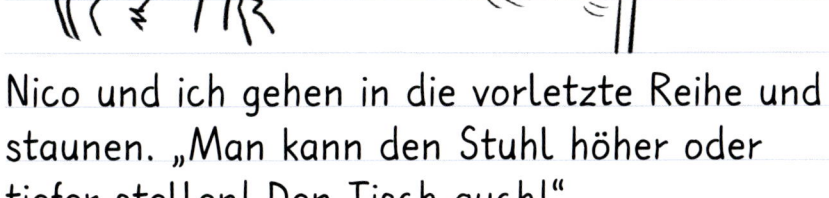

Nico und ich gehen in die vorletzte Reihe und
staunen. „Man kann den Stuhl höher oder
tiefer stellen! Den Tisch auch!"
Nico ist kleiner als ich und er fährt sich direkt
nach ganz oben.

Ich drücke einen Knopf auf meiner Seite vom Tisch und erschrecke mich total, als die Platte nach oben klappt und ein Regal ausgefahren wird.
„Nico, da sind Bücher, Hefte und Stifte!"

Die weiteren Knöpfe schalten das Licht am Platz ein und aus, fahren einen Bildschirm hoch, zeigen ein Fach mit Wasser, Obst und Taschentüchern sowie ein Mikrofon, das man nach oben biegen kann.
„Hört ihr mich alle?", schreit Malik in sein Mikro, das aber zum Glück nicht eingeschaltet ist.

„Unsere Sessel haben eine Massage-Funktion, guck!" Nico ist total begeistert. Er drückt auf einen Knopf und sofort fangen die Sitzfläche und die Lehne an zu vibrieren. „So cool! Mega! Adios, blöde, harte Holzstühle!"

Ich entdecke eine gelbe Abdeckung mit der Aufschrift „Stufe 2. Drücken nur nach Absprache". Sobald ich sie hochklappe, kommen noch vier weitere Knöpfe zum Vorschein.
Hui!
Kaum habe ich den ersten gedrückt, steigen echte Seifenblasen aus meinem Tisch!
„Das ist ja krass!"
Während ich noch darüber staune, drücke ich den nächsten ...
„Was ist denn das?"

Von irgendwoher wird ein grüner Plastik-Dino hochgefahren!
„Wow! Wie hast du das gemacht?" Nico springt zu meinem Tisch und versucht, die Seifenblasen zu fangen und gleichzeitig den Dino zu streicheln.
„Die gelbe Abdeckung bitte wieder schließen und die Knöpfe der Stufe 2 nicht ausprobieren!", ruft Herr Groß-Claudius. „Das Dinosaurier-Modell braucht ihr irgendwann für den Unterricht. Und Seifenblasen, Musik und Popcorn werden wir bei Klassenfesten ausprobieren."

Sagte er gerade POPCORN?
Was kommt noch aus dem Tisch? Pommes mit Mayo?
„Alles ist neu, ich weiß", meint unser Klassenlehrer und lächelt noch breiter als vorhin. „Leider auch für mich."

„Wann gibt es einen Stundenplan?", fragt Yella, die sich neben Aylin in die erste Reihe am bodentiefen Fenster gesetzt hat.
Bevor Herr Groß-Claudius antworten kann, kommen noch mehr Fragen:
„Darf man die Plätze tauschen?"
„Wann kann ich was essen?"
„Warum gibt's Bücher und Hefte, wenn jeder einen Bildschirm hat?"
„Können wir jetzt Popcorn machen?"

Unser Klassenlehrer hat Mühe, alles gleichzeitig zu beantworten: „Der Unterricht läuft so, wie ihr ihn kennt, mit Heften und Büchern und ohne Popcorn. Der Bildschirm wird nur ab und zu benutzt. Gegessen wird in den Pausen, die Snackbar lernt ihr noch kennen, aber man darf immer Wasser trinken."

Und dann verkündet er die schönste Nachricht überhaupt: „Es gibt täglich etwas mehr Schulstunden, aber dafür niemals Hausaufgaben."
Das ist doch der Hammer!
Großer Jubel!
Nie wieder Hausaufgaben!
Schon allein deshalb müssen Nico und ich hierbleiben!

Dann erfahren wir noch, dass alle zwei Wochen die Plätze getauscht werden sollen, damit wir alle auch mal überall sitzen.
„Gelernt wird wie immer. Und die viele Technik soll uns behilflich sein."

10 S wie Stundenplan

Aylin meldet sich. „Gibt es keine Tafel?"
Stimmt!
Vorne auf der Wand ist nur ein Nachthimmel mit verschiedenen beleuchteten Planeten zu sehen.
„Cool", sage ich. „Vielleicht haben sie vergessen, eine einzubauen. Dann können wir an unseren Bildschirmen Spiele zocken oder Filme gucken."

Unser Klassenlehrer dreht sich zur Wand um.
„Doch, doch, guter Punkt. Die Tafel ist hier irgendwo. Ich drücke nur mal kurz drauf ..."
Er drückt auf einen der Planeten.

Es tut sich nichts.
Obwohl ich mir noch immer große Sorgen
wegen der Sache auf der Treppe mache,
muss ich leise lachen.
„Herr Gro-Clau sucht nach Tasten, wo keine
sind. Wie mein Vater auf der Fernbedienung
vom Fernseher."

Jetzt erinnert sich Herr Groß-Claudius
an die Knöpfe, die er an seinem Tisch hat, und
fängt an, sie alle gleichzeitig zu drücken.
„Hier! Ja, ja! Da war doch was! Die haben es
mir gezeigt!"
Oje!
Am liebsten würde ich rufen: „Nicht alle
Knöpfe auf einmal! Das kann nicht gut gehen!
Papa hat schon mal so den Fernseher kaputt
gemacht!"

Dann geht es los: Die vordere Wand teilt
sich auf. Dahinter ist eine dunkelblaue Fläche,
die sich langsam nach vorne schiebt.
„Ist das die Tafel?"
Ja, aber sie fährt direkt wieder zurück.
Dann wieder vor.
Und zurück.
„Uupsi!", ruft Herr Groß-Claudius.

Wir erblicken ganz kurz ein Mikrofon, eine
Deutschlandkarte, einen Riesen-Bildschirm,
ein Apfelbäumchen, eine Wanne mit Wasser,
Ordner, Bücher und sogar ein Fach mit
belegten Broten in bunten Plastikdosen.
„War das alles echt?" Die ganze Klasse ist
total baff.

„Sesam, öffne dich noch mal und gib das Frühstück wieder raus!", ruft Malik. „Ich hab noch nichts gegessen, das wusste die Stimme am Eingang sofort. Die hat gesagt, ich muss was essen."

„Gleich." Herr Groß-Claudius schafft es irgendwie, die Wand wieder zu verschließen. „Jetzt müsst ihr euch erst anmelden, dann wird der Wochen-Stundenplan in eure Tische eingeblendet und per E-Mail an eure Eltern verschickt", fängt unser Lehrer an, von seinem Tablet abzulesen. „Wer möchte, kann später einen Ausdruck davon mitnehmen."

Wie, anmelden?
Bevor ich weiter darüber nachdenken kann, wird auf der linken Seite der Tische eine schwarz-weiße Tastatur eingeblendet.
Wo kommt die denn jetzt her? Ist das auch ein Bildschirm in der Tischplatte?
„Wie cool ist das denn bitte?", murmelt auch Nico.
„Tragt euren Namen und euer Geburtsdatum ein und bestätigt mit eurem Daumen auf ‚Okay'. Dann seid ihr an diesem Platz angemeldet und seht den ersten Plan."

Habe ich mich vertippt?
Komischerweise steht bei mir die ganze Zeit nur: „Willkommen, Liam Becker. Dein Status lautet ‚Unbestätigt'. Daher wurde für dich kein Wochenplan freigeschaltet."

„Nico", flüstere ich. „Bist du freigeschaltet? Ich hab's schon drei Mal probiert."
Mein bester Freund schüttelt den Kopf.
„Geht bei mir auch nicht. Liam, heißt das, wir sind echt raus? Wie die Sauerfrau das gesagt hat? So ein Dreck! Mist! Kack!", ärgert er sich. „Ich will nicht gehen!"
Ich kann es auch nicht glauben!
Einfach so? Kann die das machen?

Ich höre auch nicht richtig zu, wie unser Lehrer von neuen Fächern erzählt und dass es täglich Sport geben wird.
„Da ist gerade Einiges in Vorbereitung."
Ich kann gar nicht mehr verstehen, warum ich keine Lust auf das neue Projekt hatte.
Die neue Schule ist cool, cool, cool!

11 N wie Nachricht

Die erste Schulstunde ist fast vorbei und
wir dürfen uns am Frühstücksfach bedienen.
Es gibt belegte Brote, Obst und Joghurt.
Ich habe keinen Appetit.
Nico auch nicht.
Unser Klassenlehrer mampft ein Käsebrötchen
und spricht mit vollem Mund: „Das Essen wird
hier täglich frisch zubereitet, auch mittags
in der Mensa. Wenn ihr einen Vorschlag habt,
gebt ihn bitte über die Funktion ‚Menü' auf
euren Bildschirmen ein."

Malik zeigt auf. „Hab ich vorhin schon", sagt
er. „Aber da stand: ‚abgelehnt'."
„Was hattest du denn geschrieben?"
Er grinst. „XXL-Pizza mit doppelt Käse,
Pommes mit Ketchup und Schokoladentorte."

„Kannst du dir selbst beantworten, warum das vom System nicht angenommen wurde?", fragt Herr Groß-Claudius.
Malik lacht und Aylin ruft: „Ja, es ist ungesund, aber lecker!"

Nico und ich beratschlagen leise, was wir tun können. „Vielleicht Herrn Gro-Clau um Hilfe bitten?", schlägt er vor. „Er ist schon lange unser Klassenlehrer und echt nett."
Ich nicke. „Okay, nachher in der Pause beichten wir alles. Aber nicht vor den anderen. Ich will nicht, dass die sich darüber lustig machen."

Während alle essen und durcheinanderreden, überprüfen mein bester Freund und ich mehrfach unseren Status, aber es ändert sich nichts.
Er bleibt bei uns beiden auf „Unbestätigt".
Ich bekomme langsam richtig Panik.
Heißt das, dass die uns schon rausgeschmissen haben?
Ich will nicht in die alte Schule zurück!

Gerade als Herr Groß-Claudius noch mal die Tafel ausfahren will, klingelt es an der Klassentür.
„Ist das normal?", wundert sich Malik laut.
„In der alten Schule konnte man einfach so reinkommen."

In der Tür steht unser Rektor. Irgendwie weiß ich sofort, dass es um uns und die Sache mit der zweite Etage geht.
Auch Nico ahnt es, denn er drückt kurz meinen Arm. „Jetzt sind wir dran."

Herr Sonntag lächelt leider nicht, was kein gutes Zeichen ist.
„Ich hoffe, auch eure Klasse hat sich mit allem vertraut gemacht und fühlt sich wohl?", fängt er an.
Das zustimmende Gemurmel ist ziemlich laut. Allen gefällt es hier sehr gut.
„Ihr wisst, dass es etwas Besonderes ist. Vier Klassen durften hierherkommen und alles testen. Es gibt tolle neue Funktionen. Keine Hausaufgaben und schöne Hilfen im Unterricht, nicht wahr?"

Jetzt applaudieren sogar alle, bis
Herr Sonntag den Zeigefinger an die Lippen
hält.
„Aber es gibt hier auch Regeln", erklärt er
langsam. „Wer sie nicht einhält, darf nicht
bleiben."
Der Rektor macht eine kurze Pause und sein
Blick wandert durch den ganzen Raum, bis er
an unserem Tisch haften bleibt.

Ich schließe die Augen. Wie peinlich!
Jetzt schmeißt er uns vor allen Leuten raus!
Plötzlich bereue ich es, so neugierig gewesen
zu sein. Irgendwann hätten wir schon noch
erfahren, was im zweiten Stock los ist, wer
da lacht und was da vorhin gehupt hat.
Warum musste ich das heute unbedingt schon
rausfinden wollen?

„Regeln sind wichtig", wiederholt Herr Sonntag. „Deshalb will ich euch alle noch mal daran erinnern, sie zukünftig auch unbedingt einzuhalten. Ohne Ausnahme. Merkt euch das bitte! Ihr alle! Und nun ... weiterhin viel Spaß und gutes Gelingen!"

Nico boxt mir kurz in die Seite. „Liam, Liam, guck auf den Tisch! Wir haben eine neue Nachricht!"
Ich öffne die Augen. Herr Sonntag ist weg. Und auf meinem Tisch wird der folgende Text eingeblendet: „Willkommen, Liam Becker. Du bist ab sofort für die Schule der Zukunft freigeschaltet. Hier ist dein Stundenplan für diese Woche ..."

Sabine Zett

Aus dem Schultagebuch
Geheimmission Lehrer!

Yella und ihre Freunde wissen noch immer nicht, was in dem geheimnisvollen zweiten Stock in der coolen »Schule der Zukunft« passiert. Hat es vielleicht etwas mit dem neuen Lehrer zu tun, der ihre Klasse ab sofort unterrichtet? Denn nicht nur, dass Herr Toledo sich seltsam benimmt, gern auf dem Tisch steht und im Klassenzimmer einen Salto nach dem anderen macht – er scheint auch etwas zu verbergen! Warum nur lässt er seine schwarze Tasche nicht aus den Augen? Ist er etwa ein Agent, der in der Schule ermittelt? Yella wartet nur auf einen passenden Moment, um der Sache auf den Grund zu gehen …!

Erscheint am 10. März 2025

Band 2:
80 Seiten • Gebunden • ISBN 978-3-401-72150-7 • www.arena-verlag.de

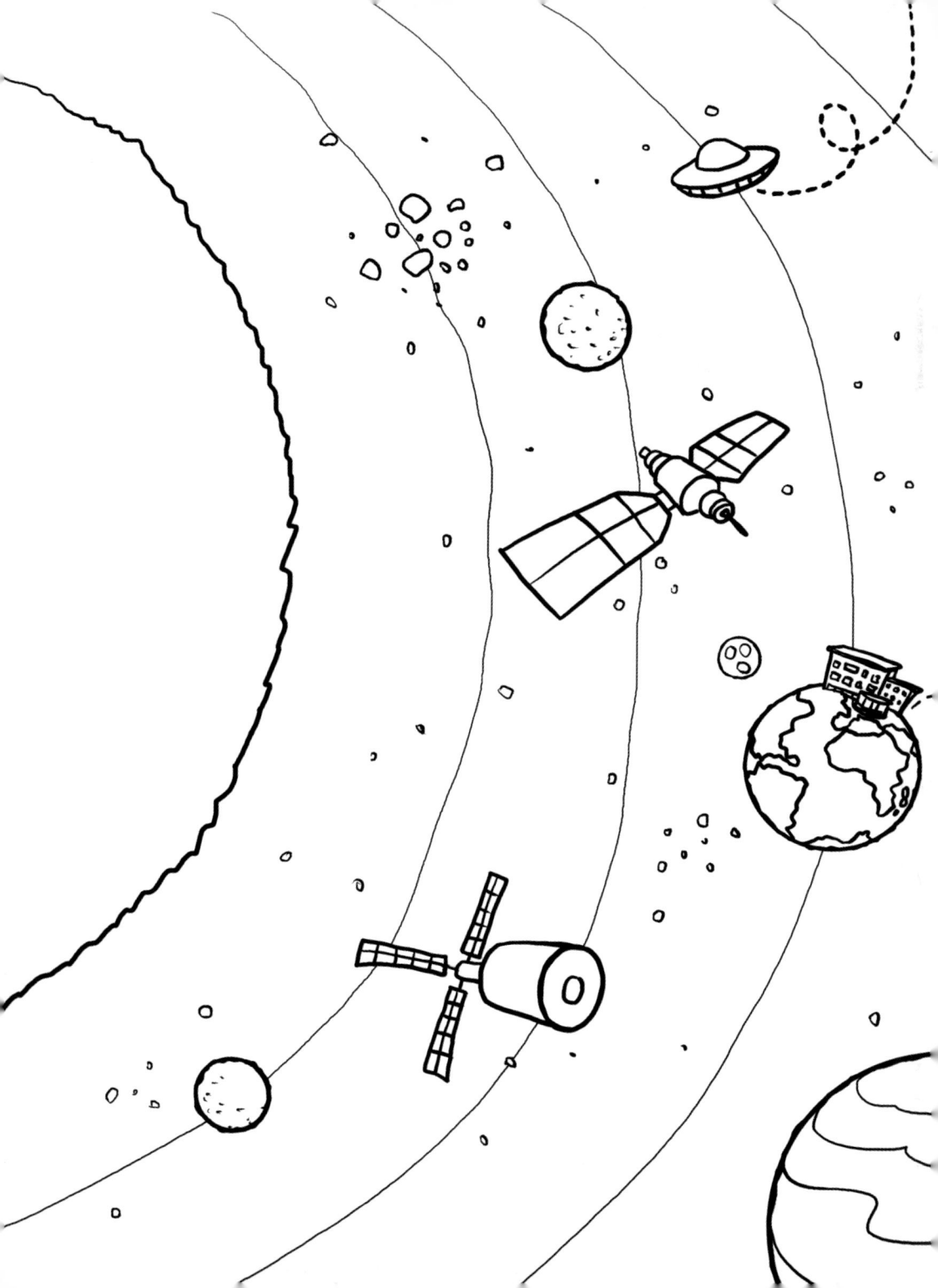